Jonas Baumann.

Heute lacht das Gesicht.

—— Karen N. Gerig im Gespräch mit Jonas Baumann.

Sie haben sich gerade Skizzenbuch und Stift parat gelegt. Kritzeln Sie eigentlich immer?

Es gibt wenige Situationen, in denen ich nicht kritzle. Meine Hände sind ständig in Bewegung, entweder trommeln die Finger auf den Tisch, oder ich zeichne, oder ich lege Formen mit Spaghettiresten, oder sonst etwas. Stetige Unruhe? Ich weiss es nicht. Das war schon immer so.

Versuchen Sie, eine Zeichnung pro Tag zu schaffen? Oder mehrere?

Ich versuche, acht Stunden am Tag etwas aus mir herauszubringen. Das gelingt mal mehr, mal weniger gut. Erzwingen lässt sich nichts. Oft sind es Gelegenheiten oder der Zufall, eine kleine Zeichnung kurz vor der Mittagspause, die den Grundstein für ein gutes Bild legen. Grundsätzlich erreicht man viel, wenn man einfach bereit dafür ist, inspiriert zu werden. Und dass man dann der Eingebung folgt und nicht meint, man könne sie auf später verschieben. Viele Zeichnungen entstehen aus meinen Skizzenbüchern heraus, die ich immer bei mir trage und in die ich spontan zeichne, einem Brainstorming gleich. Oft sind es gute Ideen, die noch keine gute Form haben, die ich später ausarbeite, teilweise auch in Farbe übertrage,

sofern sie sich eignen. Andere ergänze ich vielleicht mit einem Satz.

Woher kommen die Ideen?

Aus dem Alltag, aus Filmen, Büchern, Computerspielen, Zeitschriften, aus Anekdoten, die ich irgendwo aufschnappe und die mich nicht loslassen. Dann beginnt das Nachdenken darüber. Saul Steinberg, einer meiner Lieblingszeichner, sagte einst, auf Papier lasse sich gut denken. Das habe ich verinnerlicht. Was auf Papier entsteht, ist ein visuelles Abbild meiner Gedanken.

Wie wichtig ist dabei Text?

Sehr wichtig. Schon meine Masterarbeit befasste sich mit dem Zusammenspiel von Bild und Text. Ich habe mich lange theoretisch mit dieser Frage beschäftigt, auch: Weshalb erhält ein Bild einen Titel, was sagt dieser darüber aus usw. Doch je theoretischer ich das betrachtete, desto mehr langweilte es mich. Es begann, sich auf ein System zu reduzieren. Lieber beschäftige ich mich damit visuell und spiele mit Formen von Bild-Bildern und Text-Bildern und lasse sie sich gegenseitig beeinflussen. Eine kleine, richtig platzierte Textzeile kann gleich völlig neue Assoziationsräume öffnen. Und damit dem Betrachter die Richtung weisen. Oder ihn komplett verwirren.

Die Texte, die Sie schreiben, sind das Ihre eigenen?
Es ist meist ganz banales Zeug, aber oft auch sind es Redewendungen. Etwas, was man sagt, von dem man aber gar nicht mehr weiss, was es eigentlich heisst oder warum man es sagt. Das zu brechen, interessiert mich. Zu zeigen, wie dumm diese Redewendungen teilweise sind. Oder aber es geht mir darum, den Text zu entdecken. Ein Beispiel dafür wären die Worte «Ein Gutschein für ein Bild», auf ein Blatt geschrieben: Ist das nun Text, oder ist es schon ein Bild? Wann fängt Text, wann Bild an? Dieses Spannungsfeld fasziniert mich.

Reicht Ihnen eine einzige Zeichnung immer, um einen Bild- oder einen Textgedanken aufzufangen? Oder gibt es in Ihren Arbeiten auch narrative Elemente, die sich über mehrere Bilder hinziehen?
Selten. Teilweise zeichne ich Kurzgeschichten. Doch je mehr etwas comicartig wird, desto weniger interessiert es mich, weil zu viel Konkretes erzählt wird. Wenn etwas offener und mehrdeutig ist, gefällt mir das besser.

Die Möglichkeit, etwas zu kondensieren, aber gleichzeitig assoziativ zu öffnen?
Genau, damit dem Betrachter die Möglichkeit bleibt, seinen eigenen Zugang zu einem Bild zu finden. Es gibt quasi eine Grenze, bevor eine Zeichnung zu starr und zu eindeutig wird. Und es gibt eine weitere

Grenze dort, wo ein Bild anfängt so vieldeutig zu werden, dass es alles und nichts ist, und es deshalb am Schluss nur noch unbedeutend ist. Zwischen diesen beiden Grenzen zu bleiben, ist relativ schwierig, aber auch der spannendste Teil meiner Arbeit.

Viele Ihrer Zeichnungen sind von schwarzem Humor geprägt, bis hin zum Zynismus. Gibt es für Sie eine Grenze, wo Sie sagen, nein, das ist nicht mehr vertretbar?
Inhaltlich nicht. Es gibt nur eine Grenze bei meinen Interessen. Mich interessiert beispielsweise Folterporno nicht, aber wenn sich jemand künstlerisch damit auseinandersetzen muss – warum nicht?

In der Kunst ist also grundsätzlich alles erlaubt?
Grundsätzlich ist für mich überall alles erlaubt, solange niemand verletzt wird oder man niemandem zu nahe tritt. Natürlich kann man gerade auch mit Kunst jemandem zu nahe treten, aber man hat ja immer auch die Chance wegzusehen. Deshalb bin ich in dieser Frage extrem liberal.

Ihre Figuren sind teilweise ganz alltägliche Figuren, die gleichzeitig alles andere als normal sind. Sind Sie fasziniert von Freaks?
Alles, was lieblich ist und schön und nett und glatt, interessiert mich nicht wirklich. Sondern alles mit Ecken, Kanten, Graubereichen und Schwarz-

bereichen. Das Morbide zieht mich auch an. Unsere Gesellschaft ist ja auch nicht nur lieb und schön, und wenn man sich wirklich mit ihr auseinandersetzt, kommt man automatisch weg vom Lieblichen.

Trotzdem finden sich kaum sozialkritische oder politische Aspekte in Ihrer Arbeit.
Hin und wieder scheinen diese durch. Aber ich sehe mich nicht als Missionar. Ich zeige Dinge, die mich beschäftigen und damit zwangsläufig in eine Richtung. Meine Themen sind Angebote aus der Welt, die sich in meinem Kopf dreht. Man darf sich gerne daran orientieren, muss aber nicht. Andere Künstler bringen politische Aspekte direkter auf den Punkt. Ich habe aber trotzdem nicht den Eindruck, dass meine Zeichnungen apolitisch sind.

Sie sind ausgebildeter Illustrator, Ihre Zeichnungen aber entsprechen nicht dem, was man von einem Illustrator erwartet, in Bezug auf Perfektion etwa. Grenzen Sie Ihre Kunst absichtlich davon ab?
Ich musste mich natürlich sehr damit auseinandersetzen, weil ich in meinem Beruf ja Kundenwünsche erfüllen müsste. Aber irgendwie hat mich das nie befriedigt. Ich war in diesem Bereich auch nicht wirklich gut, da sind andere besser, gerade in Bezug auf Perfektion. Mir ist es beispielsweise egal, ob ein gezeichneter Mensch vier oder fünf Finger hat. Ich habe im Studium schon meinen Stil gesucht und

mich mehr und mehr in Richtung des Künstlerischen orientiert. Mein Charakter passt hier wohl auch besser hinein. Ich ordne mich in meinen Arbeiten nur ungern den Wünschen anderer Leute unter.

Was definiert Ihre Zeichnungen denn als Kunst?
Wenn jemand sagt, es ist Kunst, dann ist es Kunst, wenn nicht, dann ist es eben keine. Ich überlasse die Definition anderen. Die Kunst entsteht meiner Meinung nach beim Rezipienten.

Sie sagten vorhin, alles Schöne interessiere Sie nicht. In Ihren Porträts interessieren Sie sich ebenfalls mehr für kleine Absurditäten, die Sie teilweise auch noch verstärken, bis hin zum Hässlichen. Gibt es eine Ästhetik der Hässlichkeit, die Sie anzieht?
Nein, nicht unbedingt. Es hat mehr damit zu tun, dass man dahinter erst das Menschliche spürt. Bei allem Glatten, mit Photoshop Überarbeiteten erkennt man die Maschine dahinter. Darum ist es vielleicht nicht einmal unbedingt das Hässliche, das ich suche, sondern einfach die Tatsache, dass der Mensch ebenso wie sein Abbild nicht perfekt ist.

Und wie stehts mit der politischen Korrektheit?
Ich mache mir wenig daraus. Ich würde mir wünschen, dass die Leute viel mehr sich selber wären und nicht alles so nahe an sich herankommen liessen. Dass man

vielleicht sogar mal etwas sagen kann, das eine Minderheit verletzen könnte. Political Correctness wird dann plötzlich zum Mundtot-Argument: Das darf man nicht, das sagt man nicht. Davon habe ich vielleicht in der Schule schon eine Überdosis mitgekriegt – eventuell muss ich darum jetzt erst recht dagegen steuern. Wer weiss.

Wollen Sie die Menschen mit Ihren Werken zum Denken anregen?
Ich freue mich immer, wenn Leute sich für meine Arbeiten interessieren. Dann beginnen sie meist automatisch nachzudenken. Aber ich erwarte es nicht explizit. Das war nicht immer so. Früher wollte ich, dass zehn Leute in einer Zeichnung zehnmal dasselbe sehen. Heute nicht mehr, im Gegenteil. Der Betrachter soll sich selber einbringen, das ist mir wichtig: dass zwischen ihm und mir ein Bild entsteht, in dem wir uns treffen.

Von Kind auf böse.

Die Welt von vor 100'000 Jahren

Ein Quadrat
(von vor 100'000 Jahren)

Die Pflaume
Süd-Ost Asiens

Die Gazelle des Nordens

Der Orient des Westens

Der Süden des Ostens

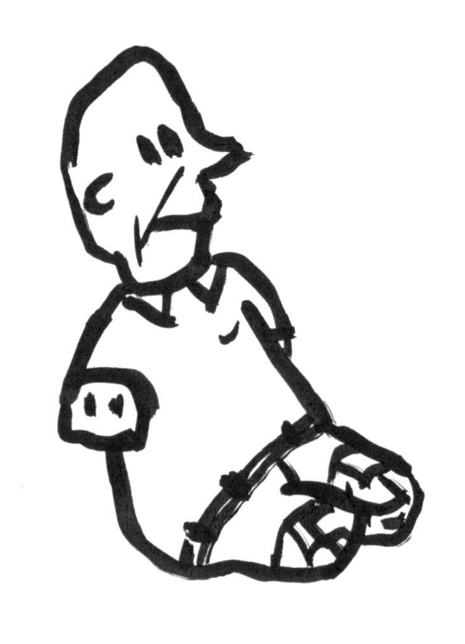

can I kick it?

sind wir sieben
folgt uns das Glück.
(altes chinesisches Sprichwort)

Gelten Vögel
als Obdachlos?

Sind Katzen aus Fisch gemacht?

Der Mensch, den es betrifft

Der Ort wo es geschieht.

Das Pferd das nichts frisst.

Ako
Pa
Lübse

Sind wir Sieben
folgt uns das Glück.
(altes erfundenes Sprichwort)

Wer andern eine Grube
gräbt fängt den frühen
Wurm.

Wer nach Würmern gräbt
fängt selten die Taube auf
dem heissen Stein.

Wer heisse Steine fängt
ist selber Schuld.
(Von mir aus gesehen)

Der Anschlag (danach und davor)

Wie kann ich mir sicher sein
dass es mich gibt, wenn ich mich
nicht mal bei Wikipedia finde?

Da fragt man sich
wozu man geboren
wurde.

reicht das noch nicht?

Die Würde des Menschen ist unantastbar.

(Ausser an Wochenenden und Feiertagen zwischen 19⁰⁰ Uhr und 06⁰⁰ Uhr)

Das ist Herr Aeni mit seinem neuen Pulli.
(Die Schuhe hatte er schon immer)

Warum schämt er sich nicht?

Sollte er?

Drama in drei Akten

Drama auf drei Akten

Drama mit drei Nackten

Pijama auf drei Nackten

Ein Ding der Unmöglichkeit

Yes we can!

Giuseppe die Romanfigur

Roman die
Romanfigur

Giuseppe die
Romanfrisur

Fräulein Tobler ist nach 35 Ehejahren schliesslich wieder alleine. Ihr Mann ist nun ein Stern.

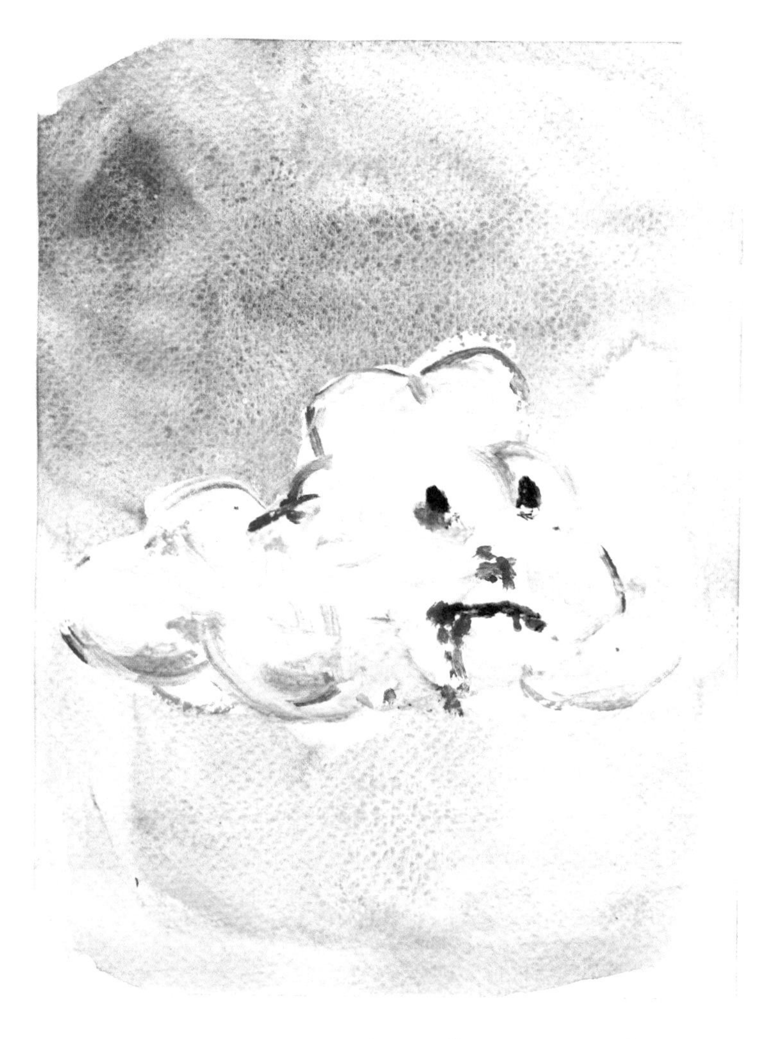

Doch auch als Stern ist er gleich wie zu Lebzeiten: Gewalt tätig.

Deshalb streut er jeden Abend Viren über die Stadt.

Zwei Kinder sind dagegen allergisch und kriegen ihren roten Kopf nicht mehr weg.

Das bewegt die Pharmaindustrie dazu, die Sache zu untersuchen.

Zu Testzwecken kreuzt ein Forscher
ein Neuguinea-Würgeadler mit
einer Schwarzwäldertorte, bis
er schliesslich merkt, dass er
komplett in die verkehrte Richtung
sucht.

Kurze Zeit später flieht das Forschungsobjekt und versteckt sich auf Facebook.

Nach ein paar Jahren gründet es aus Langeweile die Gruppe der "Einsamen Seelen".

Eines Tages tritt auch
BombayStar_99 der Gruppe bei.
Dahinter verbirgt sich Fräulein
Tobler, die nun die Breit-
bandverbindung des Altenheims
nutzt.

10 sekunden
älter

Malaria wirkt!

"Linien und Punkte, verbunden mit Flächen und Flecken"
Tusche auf Papier, 21 cm x 29.7 cm, 2009

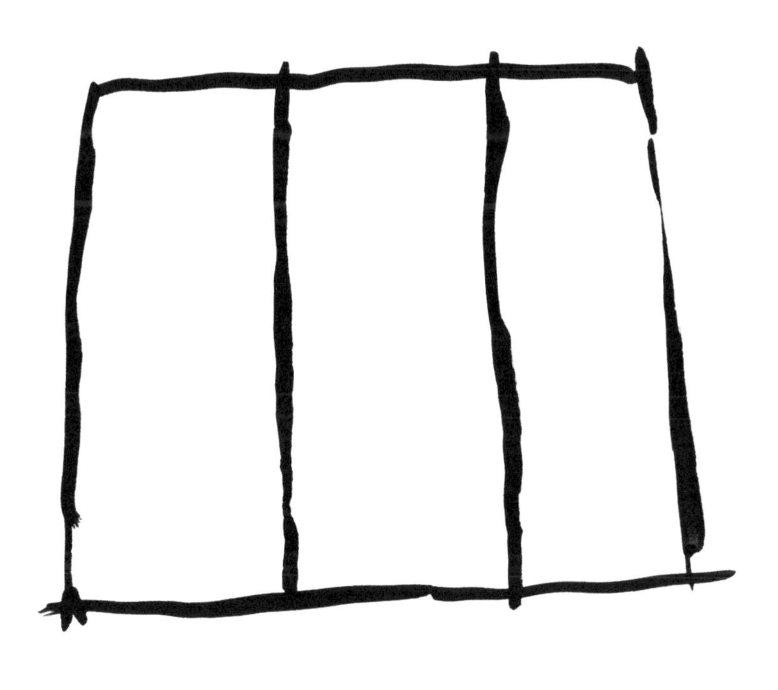

Die heilige Dreispaltigkeit

Ich bin
faul und
brauche
~~kein~~
Geld.

Kaum aufgestanden den Tag
schon scheisse gefunden.

Früher war alles besser.

Wer wenn nicht ich?

So sei es!
(Oder eben nicht).

Mein Auge hört alles

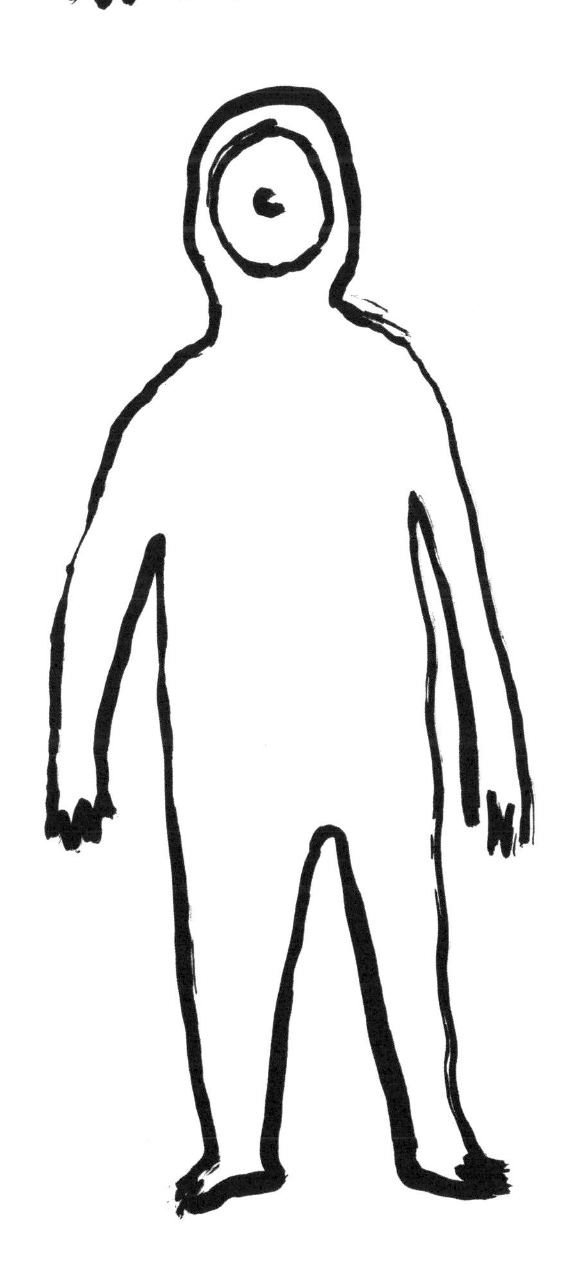

Frauen und Kinder
zu erst.

Worüber lacht die
Welt?

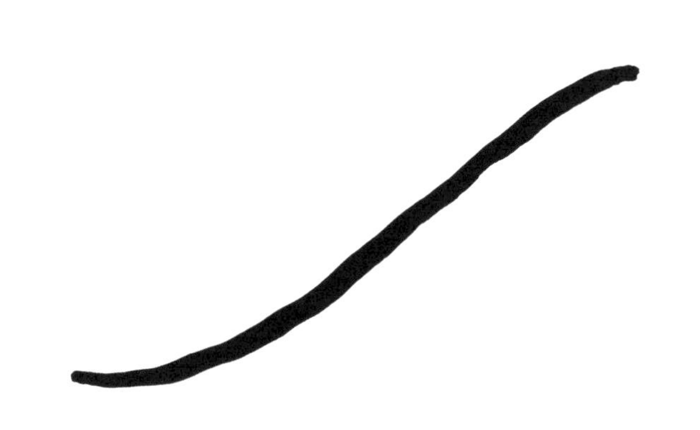

Man spürt langsam das
Ende kommen.

Absolution

TYPHOON

Das ist es
ich über

weiss.

Herr Schmitts erster Kontakt mit seinem späteren Lieblingskaktus Lorenz (der ihn sogar überleben sollte).

Dieser
Mensch hat
Angst als
solcher er-
kannt zu
werden.

Die Kunst daran ist,
dass es nicht runterfällt.

Hans-Rudolf Schaub
1917-2009

Atombomben
und andere
Parties!

Watte

Plastik

Häuser-Tarn-Kit

(nicht Wetterfest!)

Hier drücken
um die Welt
zu retten.

Das Leben des Bauern
Johann

Hier beim jäten

Hier beim Ernten

sein Lieblingspferd
vor Tannenbaum

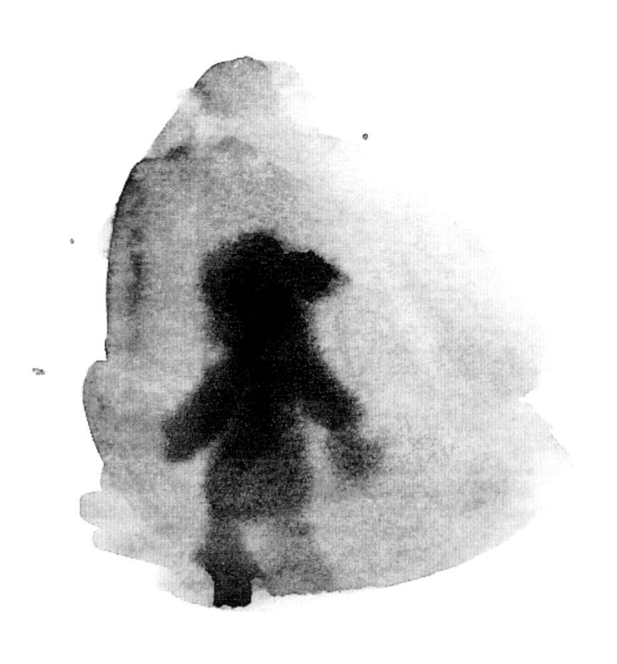

Freitag Abend auf dem Heimweg

Sommerberge vor dem Ferienhaus

Mit Schwester Annette
auf dem Viehmarkt

Mit lieblingshenne
Berta

Nach dreitägiger
Grippe vor dem
Cheminée

Neujahr

Mit seinem Gorilla

Mit Traktor und Regenstiefeln

Im Museum für
Raketentechnik

Raffael beim
Üben der Kerze.

Helga auf Sylt.

Tannen Supermodels

Herr Rüdisüli mit seinen Handpuppen Klaus und Rebecca.

Gestern kam endlich Michi zur Welt.

Und heute ging er schon wieder.

Seitdem haben wir eine versoffene Katze.

Vater nennt sie Liebling

Nachts redet sie wirres
Zeug.

Solange bis wir sie zum Schweigen bringen.

Seitdem ist Midi wieder da.

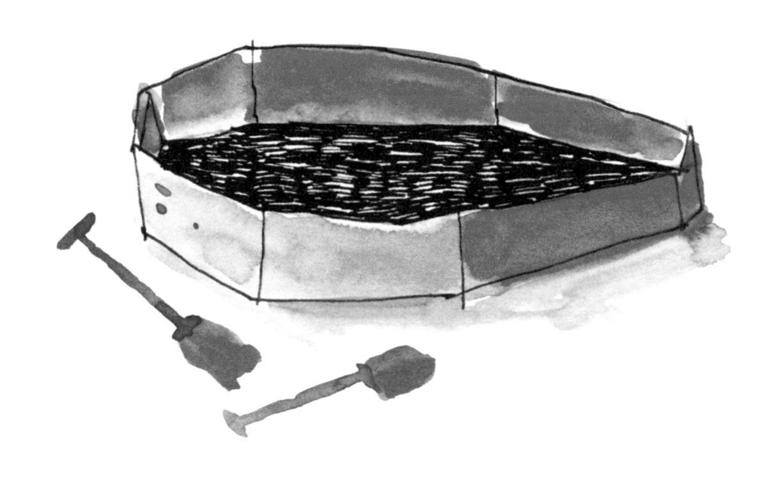

Ausgestopft und unecht, ich habe ihm einen Schnauz angeklebt.

NY

HMS. SPUTNIK

Meier!

Furunkel heisst
'kleiner Dieb'
das hält mich davon
ab Kaugummis zu
stehlen.

So oder ähnlich stelle ich mir Russland vor. ✓

Rabenschwarze Nacht,
(War nur Spass,
es ist Tusche.)

Ich an deiner Stelle würde mich nicht essen„

Aufnahme eines frühen frisierten Höhlenmenschen.

Ich kotze.

Ich katze

ES IST

ERST ZU

ENDE

WENN DER

TO

BOTOX

HILFT

KEI MI-

GRÄNE.

DIE STADT DE

BÜRGERMEIST

EINWOHNERN

STEN VEREH

AUSGEZEICHN

DIE SELBE

EN ARCHITEKT,

UND VON DEN

LS AM HÖCH-

TE KÜNSTLER

T, EIN UND

SON IST.

GEMÜSE IST
BESONDERS
SCHMACKHAFT
WENN MAN ES
KURZ VOR VER-
ZEHR DURCH
EIN SAFTIGES
STEAK ERSETZT.

DIE MEISTEN
BEHAUP-
TUNGEN
SIND
FALSCH.

HERR JEMAND UND SEI-NE FRAU.

EIN PFAU MÜSS-
TE SEINE
FEDERN AUF
EINER EXTERNEN
FESTPLATTE
SPEICHERN.

VORNE RECHTS

GERADE-

AUS UND

DANN LINKS

VON DER

WELT.

EIGENTLICH WOLLTE ICH GERADE LOS-LEGEN ABER DANN IST DIE KRISE GEKOMMEN.

WARM

KALT

WARM

(KALT)

VORSPIE-
GELUNG
FALSCHER
TAT
SACHEN.

GUTSCHEIN
FÜR EIN

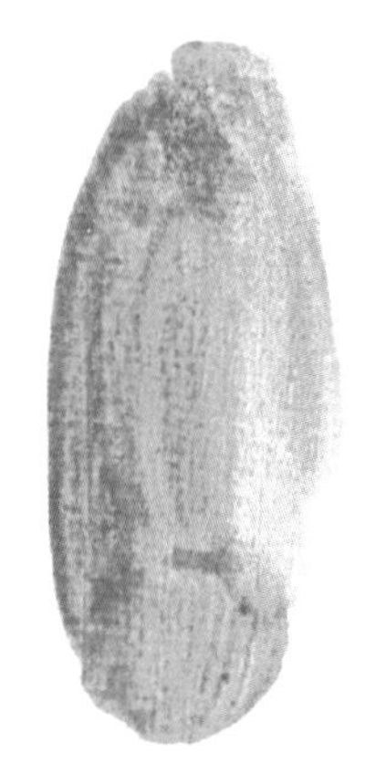

Kein Gesicht.

Gisela

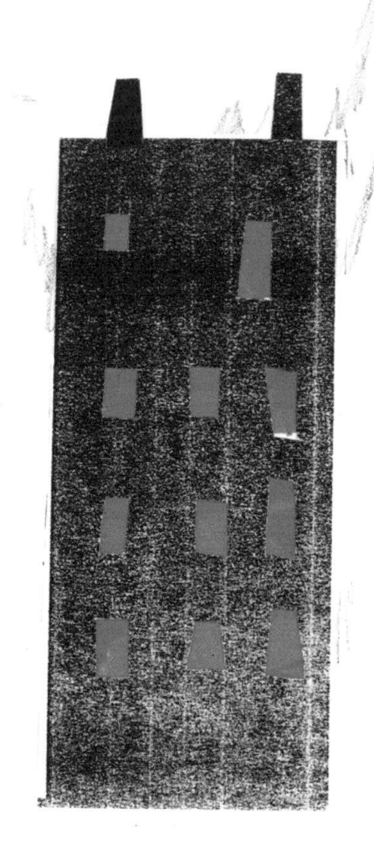

Alle Fenster konnten flüchten
als es brannte.

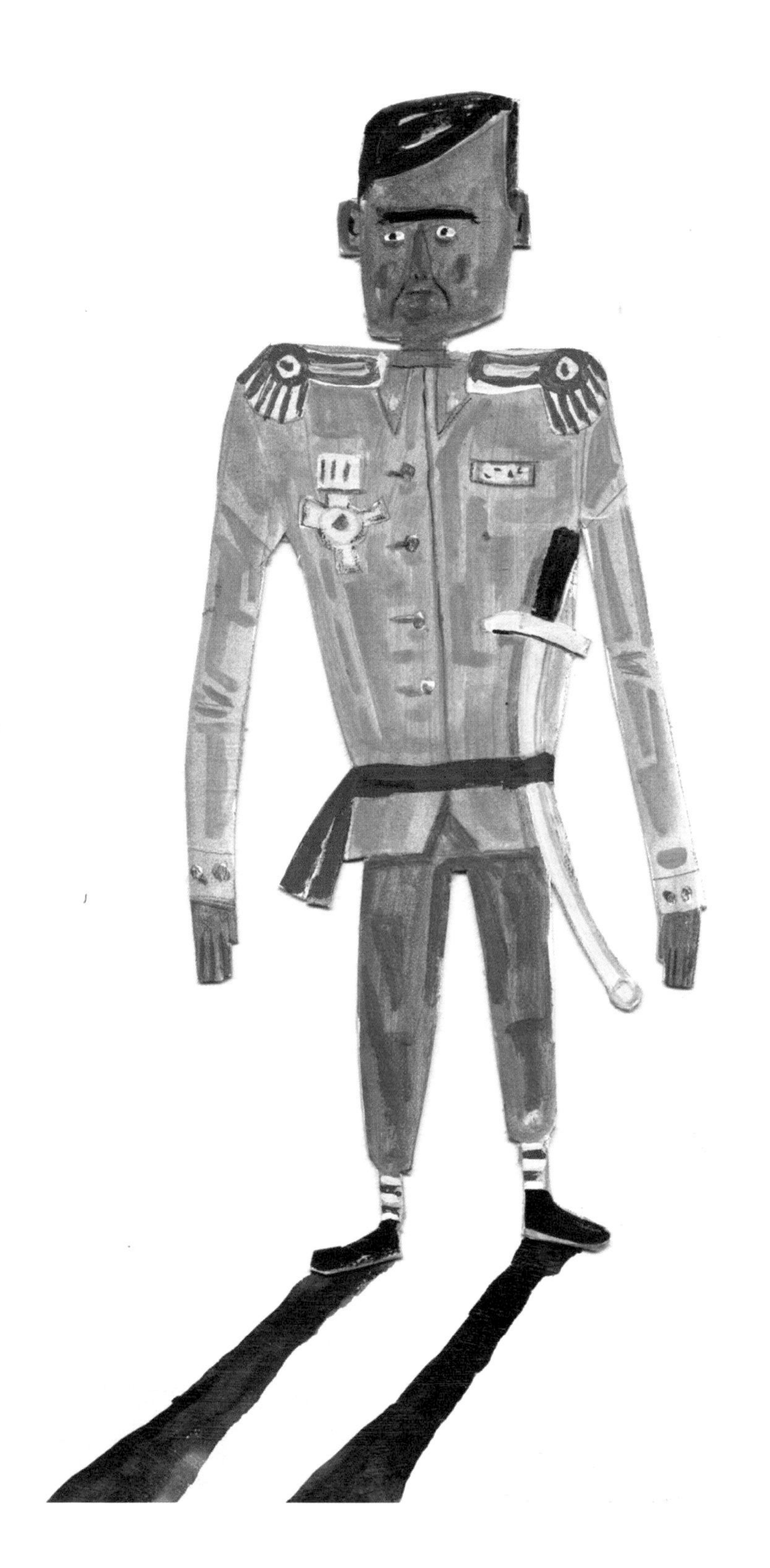

Diese Maschine funktioniert nur wenn man daran glaubt.
(aber selbst dann kommt nichts raus).

Der Bruder des Typen der den ersten Mausklick gehört hat.

Nicht ich.
(und niemand
den ich kenne).

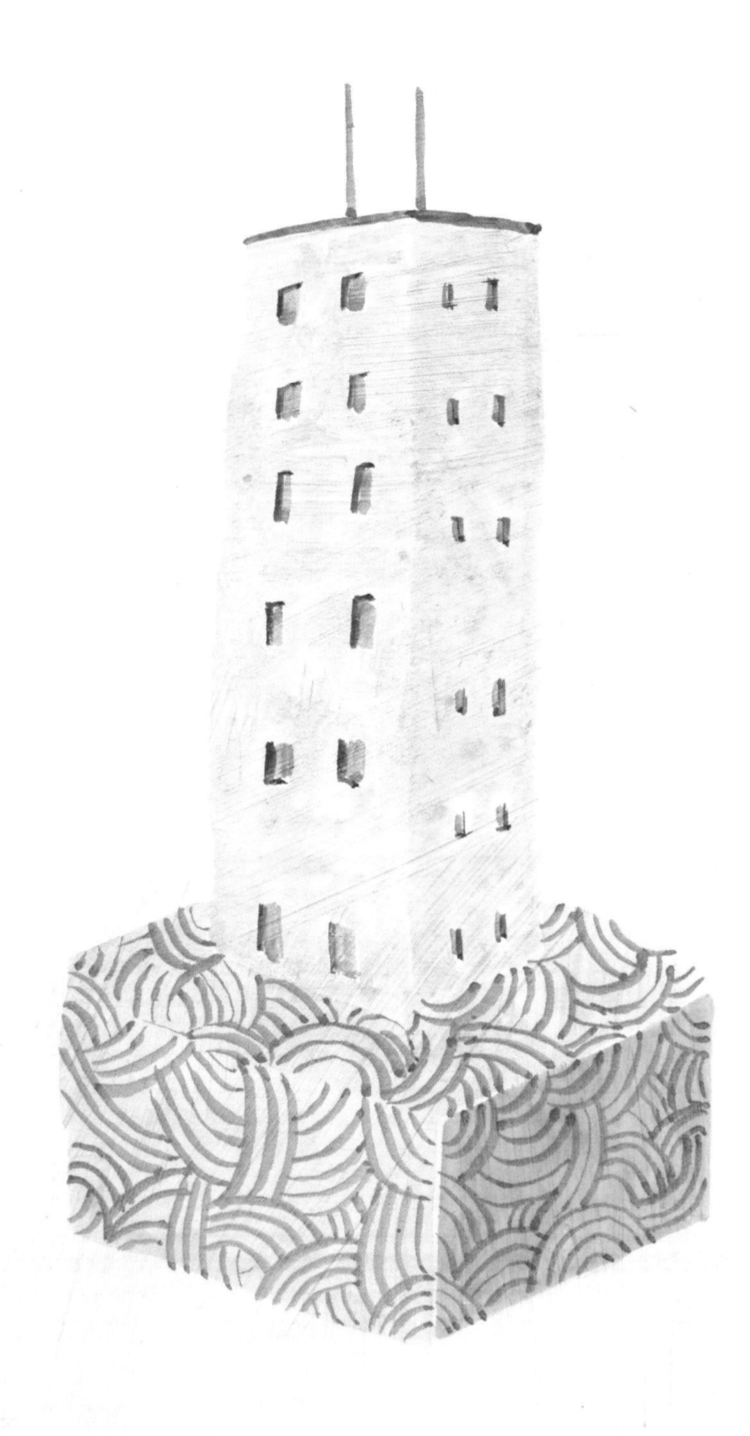

So (oder ähnlich) stelle ich mir Neu-Guinea vor.

Die Kopie eines Kreises aus der Steinzeit.

Meine Zweizimmerwohnung
(ohne Details)

Auf diesen Pässen herrsch
Schneekettenpflicht.

Der perfekte
Mensch.

Also ICH fands
grossschartig!

Ich war einmal Kochmütze
eines Chefkochs.
Seit er gestorben ist stehe
ich alleine im Schrank.

Darm ohne
Sonnenbrand.

Grabschänder und andere Touristen.

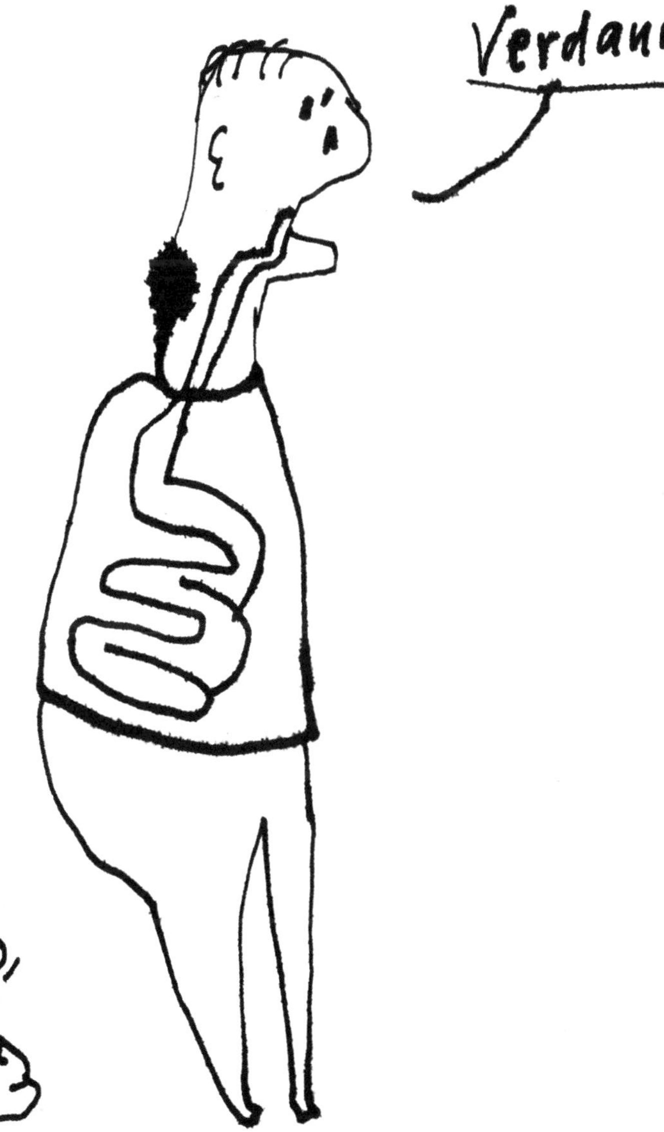
Geld regelt meine Verdauung!

Bello das
ist pfui

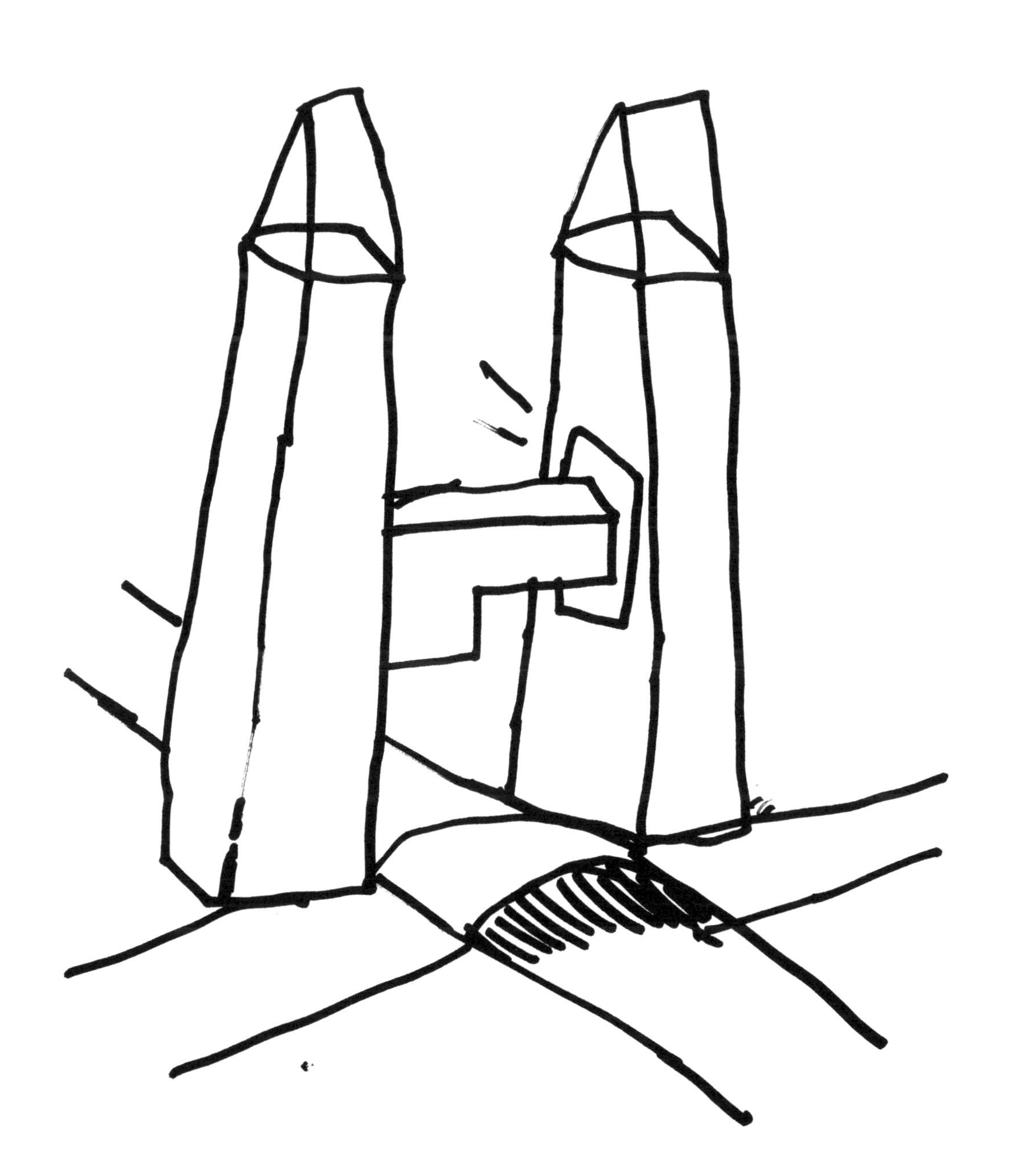

Wir gehen ins Kondensationslager!

TROCKENEIS

It's not that bad!
Motherfucker.

ARBEITSLOSE

UND ANDERE

ASOZIALE.

HAUSFRAUEN UND ANDERE FAULENZER.

Keine Angst, ich bin nur gezeichnet...

If I had arms
I'd kill myself

KU-KLUX-BAHN.

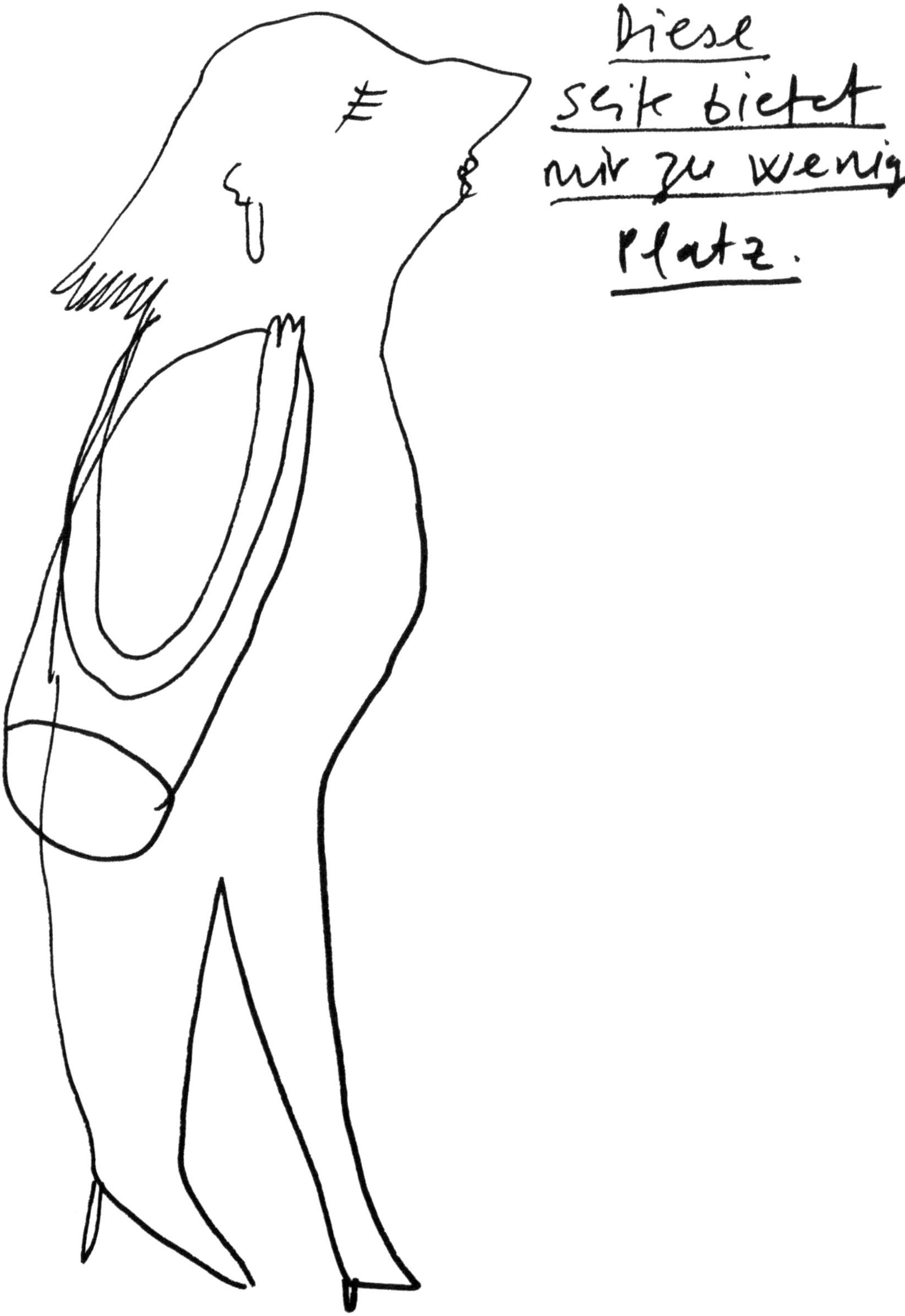

Diese
Seite bietet
mir zu wenig
Platz.

Nice shoes!

KOTZ

MUNDE

AM

PILCHER

SCHEISS
REGEN

Ich hatte mal einen Freund, der war eine Warze. Irgendwann wurde er entfernt. Seitdem rede ich mit meinem Nippel.

Relativ viel Schönheit kommt von Innen.

WHAT THE FUCK IS WRONG WITH YOU!?

what the fuck is wrong with that?!

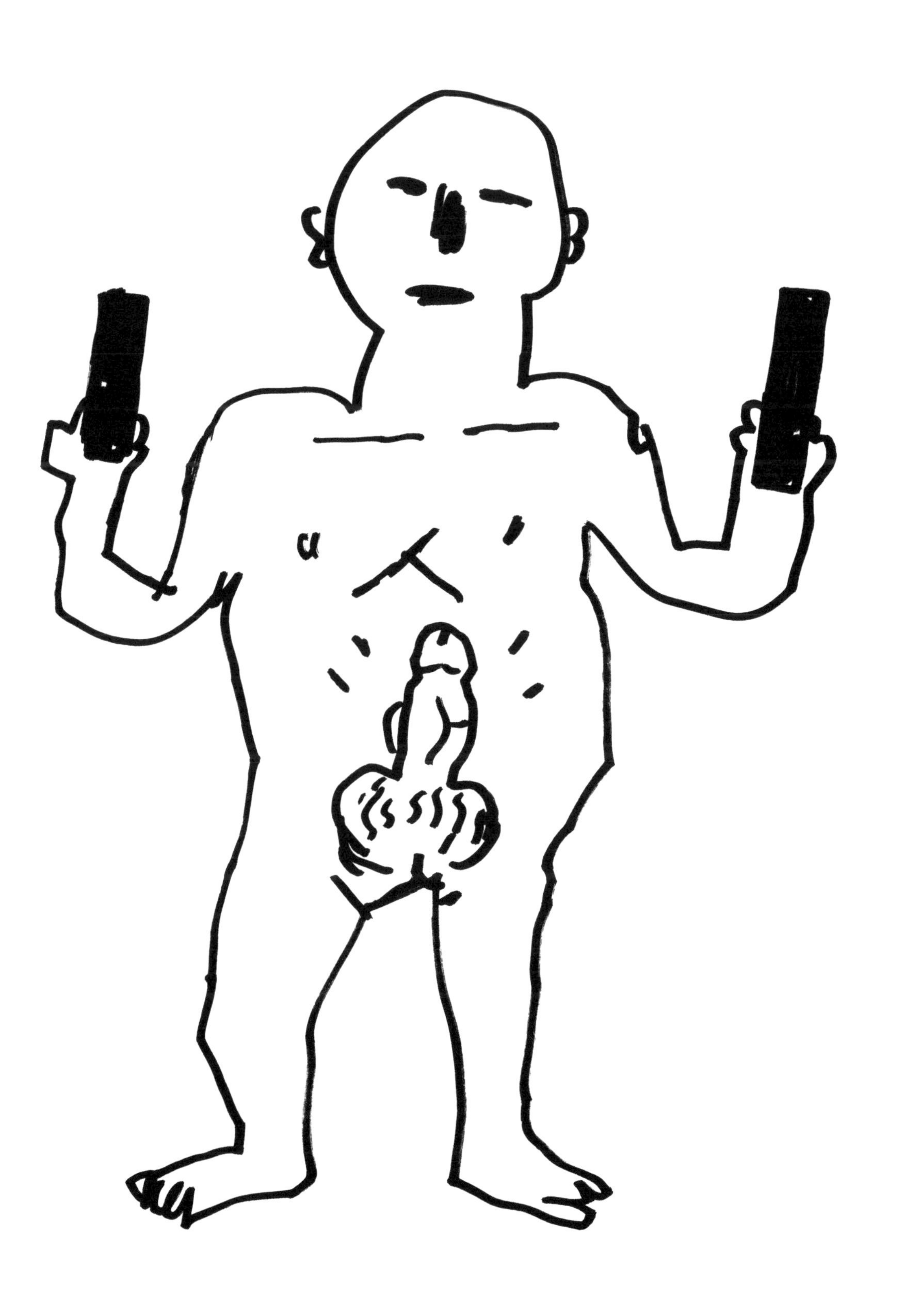

Tonya

Discreet Billing

$99

No Hidden Fees

702-487-7402

Alison
$125
No hidden fees
Hello, Kitty ...
CANDYAPPLEGIRLS.COM
702 450.3464

becky

THELASVEGASESCORTS.COM

702 726-6615

Gina

$47
SPECIAL

I'M A REAL GIRL
NOT a model

www.vegasstar.com

(702) 478-4655

Ginger

99

Actual Photo

[702] 410-255

Zeit ist der Zerfall
von Information

Gibt es ein Leben
nach dem Milch
einkaufen?
(und stimmt das Rückgeld?)

Ach leckt mich am Arsch!

Leckt mich doch alle am Arsch.

Das aufgefaltete
Hirn eines Menschen
ist grösser als die
Fläche von
Frankreich.

Jesus auf Holz,
200 cm x 160 cm,
2009 Im Besitz d. Künstlers

Vom Winde verwäht

Hahaha

Ich bin der Manschetten-knopf von Neil Armstrong, aber das interessiert niemanden.

→ Schmitts Kaktus

→ Gegenstände von Persönlichkeiten

Endlich mal
wieder ein
...... Baum.

AAAHHHHHHH!
Mein Mund ist in
ein Zeitloch gefallen!

üfo
Hello!
Danke
ewig

Hoffentlich
tret' ich
nicht auf
die Kokosnuss.

Hoffentlich
Kokosnuss
tret' ich
nicht auf eine.

Dies ist meine Lieblingsverkleidung:

Mein Bart mein Bart
mein Bart oh Gott. mein
Bart helft mir doch
mein Bart
mein Bart
der brennt!

Ach! Ein graues Haar!

Ich soll sie
von Frau Olunga
grussen.

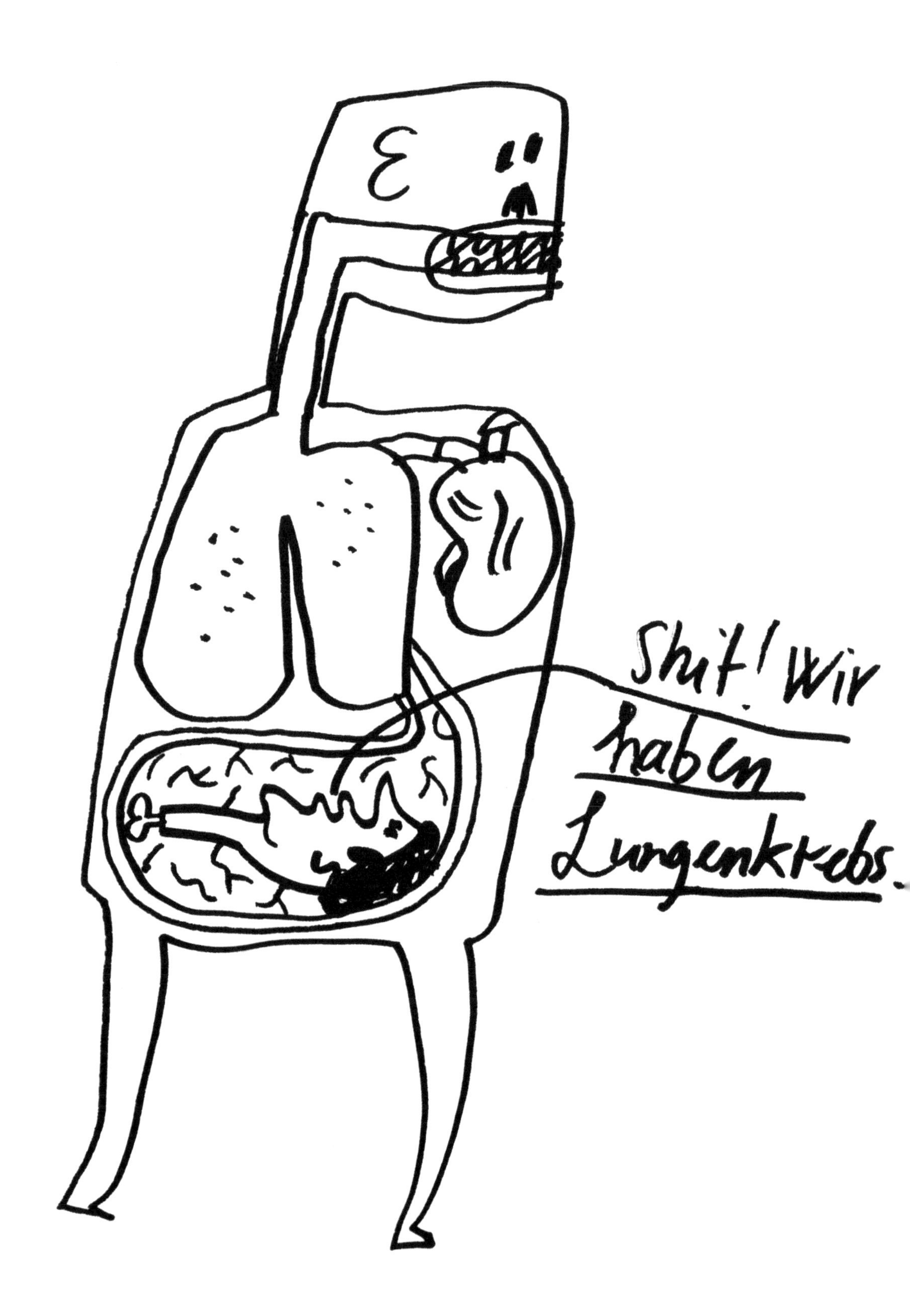
Shit! Wir haben Lungenkrebs.

—— Jonas Samuel Baumann
Geboren 1983 in Pratteln, Schweiz
Lebt und arbeitet in Basel, Schweiz
www.okapix.ch

Ausbildung

Montréal, Canada
Atelierstipendium Montréal, International Exchange and Studio Program Basel, 2011

Luzern, Schweiz
Hochschule Luzern, 2005–2010
Master of Arts in Design / Spezialisierung Malerei, Text und Bild

Ausstellungen

2012, Basel, Schweiz
«Going Places», Gruppenausstellung
Oslo 10

2012, Luzern, Schweiz
«Fumetto Festival» Satellite, Gruppenausstellung

2012, Luzern, Schweiz
«torwand», Gruppenausstellung
Kunsthalle Luzern

2011, Shanghai, China
«Limit Generation», Gruppenausstellung
Gallery RedTown570

2011, Basel, Schweiz
«Kunstkredit 2011», Finalistenausstellung
Oslo 10

2011, Montréal, Canada
«Holly Daze», Gruppenausstellung
Espace Fibre

2011, Basel / Biel, Schweiz
«In Your Face Book», Einzelausstellungen
Showroom Basel, Eldorado Biel

2010, Zug, Schweiz
«Tatsachenbilder, Erinnerungen und ein Happy End oder auf der Suche nach der Wahrheit»,
mit Antshi von Moos / Mara Berger
Haus Zentrum

2010, Basel, Schweiz
«Gutschein Für Ein Bild», Einzelausstellung

2009, Luzern, Schweiz
«Fumetto Festival» Satellite, Gruppenausstellung

2009, Berlin, Deutschland
Design Mai Youth Berlin, Gruppenausstellung

2008, Shanghai, China
Global Call Gewinner, «International Students' Exhibition of Shanghai Biennale 2008», Gruppenausstellung

2008, Luzern, Schweiz
«Fumetto Festival» Satellite, Gruppenausstellung

Publikationen

«Con Artist Zine»
Con Artist New York, Januar 2012

«The Ebert Club Newsletter»
von Pulitzer-Price-Gewinner Roger Ebert, «Chicago Sun-Times», August 2011

«Horizon»
Consulat général de la Suisse à Montréal, Ausgabe Nr. 74/2011

«ZEIT Campus»
Ausgabe 4/2011, Deutschland

«RG Vogue»
Dezember 2011, Brasilien

«Edition Fästing Plockare»
Chri Frautschi, Biel, Schweiz, 2011

«SonntagsZeitung»
Ausgabe 08/2011, Schweiz

«Kalendergeschichten»
Johann Peter Hebel, Schwabe Verlag, Basel, Schweiz, 2010

Ankäufe durch die Städte Biel und Zug

Jonas Baumann bedankt sich bei Bettina, Markus, Renée, Anne-Sophie, Josianne, Max, Gertrud, Simone, Mara, Heiko, Christian, Daniele, Claudio, Maurice, Tizian, Abwerner, Anita, Christine, Claudia, Edith, Eliane, Julia, Jan, Luzi, Lea, Petra, Rosana, Ursula, Verena Fiva, Alexandra Stäheli, Allie Townsend, Brian Shevlin, Dov Rueff, Chri Frautschi, Jochen Ehmann, Esther Bourdages, Johannes Willi, Jaqueline Falk, Karen N. Gerig, Karin Seiler, Linda Briem, Luc Paradis, Malin Schulz, Mathieu Weiler, Marc Pilloud, Paolo Fritz, Dan Fletcher, Pierre Thomé, Pascal Beck, Jeff Ares, Silvan Glanzmann.

—— Der Hafenpiraten Verlag macht die Welt ein klein wenig schöner. Mit Büchern, die ihren Herausgebern am Herzen liegen. Und die mit ihren Lesern die Freude am Leben teilen. Das Verlagsprogramm reicht von Kunst bis Design, von Fotografie bis Illustration, von Basel bis Kathmandu. Es ist oft verspielt, gelegentlich unkorrekt, aber immer mit grossen, neugierigen Augen auf unsere Welt gerichtet. Mehr sehen beim Schauen.

Ein grosses Dankeschön an Barbara Mayer, Katharina Marti, Kai Pitschmann, Damian Hess, Hyun-Suk Cho, Ramon Classen, Robert Wesseler, Wolfram Drosihn, Michael Diebold, Sheena Czorniczek, Karen N. Gerig, Beat Gloor, Nina Zimmer, Jonas Baumann, Knut Wilhelm, Anne Morgenstern, Markus Baumann, Isabella Dill, Raphael Bottazzini, Martin Denecke, Mark Stahel, Michael Schär, Zoë Klemme – und Milica Jablanovic und Michèle Weidmann.

Konzept/Gestaltung: NEW ID Ltd., Basel
Fotografie: Anne Morgenstern, Zürich
Interview: Karen N. Gerig, Basel

Gesamtherstellung: Designpress GmbH, Ditzingen

Gedruckt in Deutschland
Erste Auflage 2012

ISBN 978-3-9524031-0-5

Hafenpiraten.ch